T 27
Ln 15120.

1547

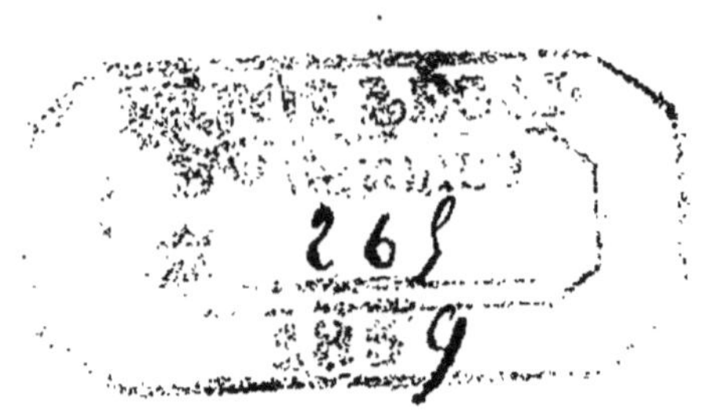

SUS AUX LOGOGRIPHES

PAR

ÉMILE NEGRIN.

Ln 27 15120

LES TSETSÉS.

Aimez-vous les énigmes? aimez-vous les logogriphes? aimez-vous les charades? Prenez le *Moniteur Viennois*, l'*Argus Méridional*, la *Presse Artistique*, l'*Entr'acte Lyonnais* ou le *Furet;* mieux que cela, prenez le *Journal de Grasse.* Grasse est une petite ville de Provence qui a donné son nom aux parfumeries et aux eaux de fleurs d'oranger que produisent Le Cannet et Cannes; elle possède six merveilles qui consolent le monde de celles qui ne sont plus. Savoir : la Fous, des rues tirées au cordeau, le cours, un tableau de Rubens, un temple de Jupiter et le *Journal de Grasse.*

La septième merveille du monde ancien, on le sait, est encore debout et a eu l'honneur de contempler nos soldats en bataille.

C'est du journal seul que je veux parler. Ce journal fut fondé, il y a un assez bon nombre d'années, par le Sphinx sur le mónt Cythéron. Ce Sphinx qui était un composé de femme, de chien, de lion et d'oiseau remplissait son journal d'énigmes et les faisait deviner aux badauds; quand les badauds ne les avaient pas devinées, il les dévorait. Excellente et sûre manière de vivre du journalisme!

Un jour, un certain Œdipe, qui a eu depuis le tort impardonnable d'inspirer plusieurs tragédies, fut assez heureux pour résoudre une facétie problématique ainsi conçue : *Quelle est la bête qui a quatre pieds le matin, deux à midi et trois le soir?* — Cette bête-là c'est moi, s'écria Œdipe.

Quelle franchise!

Le Sphinx de désespoir inventa le mot *tu m'embêtes* qu'il proféra en grimaçant et se brisa le crâne contre un roc.

Mais avec son rédacteur ne périt pas le journal comme cela arrive souvent. Bien au contraire. Celui-ci a traversé les siècles, il a surnagé sur les flots barbares du Moyen-âge, comme *les Lusiades* de Camoëns sur les flots des Grandes Indes, il a publié les vers de Godeau, évêque de Vence, et enfin il se trouve à présent entre les mains de M. Foucard.

Quand ils ont tant d'esprit les journaux vivent peu,

dit Lafontaine; ce qui nous explique la majestueuse vieillesse du *Journal de Grasse*.

J'en suis bien fâché pour lui, pour le *Moni-*

teur Viennois, pour l'*Argus Méridional*, pour la *Presse Artistique*, pour l'*Entr'acte Lyonnais*, pour le *Furet* et pour tant d'autres, mais je dois le dire : il n'est rien de puéril et de plat dans une publication comme ces charades et ces logogriphes rimés à la façon des Commandements de l'Eglise. Si encore cela arrivait une fois, par hasard, et pour faire plaisir à un auteur abonné !!! Mais non, la maladie est hebdomadaire, surtout chez les rédacteurs du *Journal de Grasse*. Dans chaque numéro de cette feuille pommadée, invariables comme la prière du muezzin, des logogriphes espiègles font à la foule des cornes impertinentes.

Rappelez-vous ce qu'écrivait Maynard :

Si ton esprit veut cacher
Les belles choses qu'il pense,
Dis-moi qui peut t'empêcher
De te servir du silence.

Or, le *Journal de Grasse* est une énigme continuelle.

Faites des épigrammes, des madrigaux, des fables, des chansons, que diable ! quelque chose qui exige une dépense intellectuelle.

Ah ! ah ! je vous entends.... Si au bout de l'épigramme n'est pas une épine, si au bout du madrigal n'est pas une fleur, si dans la fable les Grâces ne se trouvent pas toutes nues avec la

Vérité, si dans la chanson les Ris ne voltigent pas : épigramme, madrigal, fable et chanson seront autant d'avortons littéraires. Et que de chirurgiens railleurs contre un embryon de cette espèce!

Tandis que pour une charade on n'a que la peine d'ouvrir un petit lexique de Landais. Par exemple, j'ouvre le mien et je trouve à la page **141** de l'édition de **1850** : cou-vent, cou-vert, cou-vain, cout-eau, cour-son, cour-lis, cour-bure, cou-rage, etc.

Voulez-vous que je vous mette ces belles choses en vers de votre façon?

Mon premier porte des rivières ;
Mon second, la nuit et le jour,
Entraîne des flottes entières;
Et mon total est un triste séjour
Où l'homme, qui se dit le roi de la nature,
Lisant sans le comprendre un livre d'oraison
Et se fouettant sans raison,
En devient la caricature.

Mon premier du corps fait partie ;
Mon deuxième d'une prairie
Vous représente la couleur,
Et mon entier est aux mains d'un mangeur.

Mon premier est fort blanc et beau chez ma maîtresse,
. . . .

Allons! allons! *je vous vois, innocents Danchets*... Mais je m'arrête par respect pour mes lecteurs. Soyez persuadés qu'on peut remplir de pareils cadres, sans être en improvisation de la force de Pradel ou de Ducros de Nîmes. Pour ma part, pour peu que je fusse d'humeur plaisante, je me chargerais bien d'ENFANTER un de ces chefs-d'œuvre chaque cinq minutes. *Di tales avertite versus !*

Résumons-nous : le logogriphe est l'esprit de la sottise et la sottise de l'esprit.

Depuis Homère jusqu'à notre compatriote Méry, aucun poète digne de ce nom n'a commis un pareil crime poétique. Je dois avouer à la louange du *Journal de Toulouse* que je n'ai jamais vu de cette rimaille-là dans ses colonnes. M. Pujol cultive le pavot, c'est vrai, mais il laisse le chardon aux fabricants de logogriphes.

Encore un mot.

Ce n'est pas étonnant si personne ne trouve de l'esprit au *Journal de Grasse*, l'esprit y est toujours à l'état d'énigme.

(*Courrier des Artistes*, 28 avril.)

Réponse

A M. EMILE NEGRIN, DE CANNES.

Les Tsetsés ! ! C'est à l'ombre de ce titre quelque peu bizarre et presque énigmatique, que le *Courrier des Ar-*

tistes, de Toulouse, nous décoche une diatribe aussi violente qu'imméritée. Notre place au soleil de la publicité est si modeste, que nous ne pouvions prévoir de la part de M. Émile Negrin

Ni cet excès d'honneur, ni cette indignité.

Si notre personnalité seule était en jeu, la blessure eût été moins vive ; mais M. Emile Negrin est de Cannes, ne l'oublions pas, il n'a pas vu le jour sur les bords de la Garonne, près du Capitole, et l'esprit dont il fait parade à l'endroit de notre ville, n'est pas autre chose que de la malveillance. Il faut être de Cannes pour reprocher à Grasse ses rues irrégulières, sa magnifique source, ses trois belles toiles de Rubens (trois, entendez-vous, M. Negrin ?) l'admirable panorama dont on jouit de son cours, son temple romain, l'industrie et l'habileté de ses habitants, et pourquoi ne le dirions-nous pas ? l'humble feuille que nous rédigeons, sinon avec l'esprit de M. Emile Negrin, du moins avec ce sentiment des convenances qui suffit à notre ambition.

Ce sont nos logogriphes et nos charades qui ont excité la colère de M. Emile Negrin et nous ont valu cette ruade.

Rappelez-vous, nous dit-il charitablement, ce qu'écrivait Maynard :

Si ton esprit veut cacher
Les belles choses qu'il pense,
Dis-moi qui peut t'empêcher
De te servir du silence.

Et voilà qu'avec une grâce charmante, il nous indique le moyen de cultiver sans fatigue notre goût immodéré pour ce qu'il appelle ces *sottises de l'esprit*. « Faites des épigrammes, des madrigaux, des fables, des chansons, que diable ! » Pourquoi pas des poèmes épiques à la façon de l'Énéide et de l'Iliade ?

Ah ! M. Negrin, cela est beaucoup plus facile à dire qu'à faire, et nous aimons mieux avoir sur la conscience nos rimes légères que certaine poésie que nous pourrions citer si nous étions méchant. C'est moins indigeste.

M. Emile Negrin, qui est impitoyable, plaisante très agréablement sur la *majestueuse vieillesse* du *Journal de Grasse*. Nous ne connaissons pas l'âge du *Courrier des Artistes*, mais que son rédacteur nous permette, en finissant, de lui renvoyer avec plus d'à-propos, puisque nous sommes vieux et qu'il veut être jeune, ce vers de l'immortel fabuliste :

Quand ils ont tant d'esprit, les journaux vivent peu.

(*Journal de Grasse*, 8 mai.) E. FOUCARD.

Dans ma critique des logogriphes, j'avais pris la tsetsé ; M. Foucard, rédacteur du *Journal de Grasse*, vient de prendre la mouche.

. . . .

PETITE CORRESPONDANCE.

A M. Bareste, épicier, à Cannes. — Je vous renvoie les 7 francs de votre abonnement que je refuse ; les accepter serait vous reconnaître le droit de m'avoir écrit les impertinences de votre lettre. On peut se *vanter d'être parisien* sans pour cela connaître l'histoire et partant ce A. E.

I. O. U. historique qui vous intrigue. Il ne manquait plus aux logogriphes que d'être défendus par vous. Mr E. G. vous dira quelle est l'opinion d'Alphonse Karr sur mon compte.

(*Courrier des Artistes*, 12 mai.)

Encore M. Negrin !

Dans son dernier *Courrier des Artistes*, M. Emile Negrin ne trouve qu'une phrase à notre adresse.

Les gentillesses que nous avons relevées n'emplissent pas moins de deux colonnes du *Courrier des Artistes*, et ce laconisme est presque l'aveu d'un effroi que nous comprenons. Nous avons menacé M. Negrin de l'exhibition de sa poésie. Cette épée de Damoclès a produit son effet.

M. Negrin n'est pas aussi invulnérable qu'il voudrait le paraître. Il a la naïveté (nous nous servons d'un mot très-doux) d'écrire à M. Bareste dont la foi en l'esprit de M. Negrin est apparemment aussi peu robuste que la nôtre :

» Mr E. G. vous dira quelle est l'opinion d'Alphonse
» Karr sur mon compte. »

Cest donc à M. Alphonse Karr qu'il nous faut recourir pour être édifiés sur la valeur littéraire de M. Negrin. Nous ne voulons pas le moins du monde amoindrir l'autorité du célèbre auteur des *Guêpes* ; mais si son appréciation a été favorable à M. Negrin, ce que Mr E. G. ne nous a pas encore dit, il est juste, creyons-nous, d'en rendre grâce bien plus à sa politesse qu'à son esprit.

En daignant nous piquer du bout de sa plume, M. Negrin a cru nous terrifier, nous forcer à lui dire comme le renard de la fable :

.... Vous nous fites, Seigneur,
En nous croquant, beaucoup d'honneur.

M. Negrin s'est trompé ; il ne manque pas de malice, soit; mais nous lui en donnerons, si sa provision s'épuise. Quant à son esprit, qu'il prône si fort et si haut, comme les poltrons qui chantent dans l'obscurité de peur que les souris croient qu'ils n'ont pas de courage, il ne nous effrayera jamais. S'il lui plait d'attaquer encore nous ou nos *merveilles*, la riposte ne se fera pas attendre.

(*Journal de Grasse*, 22 mai.) E. FOUCARD.

ENCORE LES LOGOGRIPHES !!

Comment, M. Foucard, vous qui recevez le *Courrier des Artistes* depuis son apparition, vous qui avez suivi toutes nos discussions Toulousaines, vous qui m'avez vu, tantôt sous les dominos noirs de divers pseudonymes, tantôt sous l'habit officiel de rédacteur en chef, soutenir seul visière haute et plume au poing, les premiers pas de notre feuille, vous venez m'accuser d'avoir redouté une controverse avec vous, d'avoir craint l'exhibition d'une mienne poésie, d'avoir hésité, d'avoïr reculé! allons donc! Je ne vous comprends pas! Il est vrai que tout est énigme chez vous.

Votre article du 8 mai était très-modeste et ne manquait pas d'une certaine finesse; j'avais cru qu'en y répondant, le 12 mai, par un bon mot, ou si vous aimez mieux, un jeu de mots, je vous aurais tout simplement amené à lâcher l'incommode diptère que vous aviez pris et que tout finirait là. Vos abonnés ne lisant pas mon journal, les miens ne lisant pas le vôtre, pour que notre polémique à portée de canons rayés eût de l'intérêt pour eux, il faudrait reproduire réciproquement nos diatribes; or, je supposais que nous ne pouvions ni l'un ni l'autre commettre de pareilles exactions sur le terrain de leur plaisir : nous ne sommes pas Autrichiens. Nos aimables dames de Grasse et de Cannes l'ont trop bien prouvé aux troupes de passage.

Il paraît que telle n'est pas votre manière de voir ni votre désir. Votre grosse petite bravade, renouvelée de la grenouille, le prouve. Vous le désirez? Hé bien! soit. Prenons de l'encre rouge et commençons.

Vous voulez citer de moi une pièce de vers indigeste, elle ne le sera jamais autant que vos *souffassuns*. Mais pour être logique il vous faudra aussi citer toutes celles qui ne le sont pas ; sinon l'argument est nul. Vos lecteurs ne peuvent conclure du particulier au général.

Vous me direz peut-être que toutes le sont, vous en avez le droit, mais alors je vous proposerai une énigme :

Lequel est plus glorieux et plus difficile pour un journal, de vivre une année, sans vente au théâtre ni sur la voie publique, par ses seules ressources intellectuelles, ou d'être traîné 48 ans à la remorque des annonces judiciaires et commerciales ?

Je serais curieux de vous voir suivre le premier régime.

Vous voulez me donner un peu de malice, j'accepte, je sais que les Grassois ne sont point *avares*... et je me rappelle trop bien la légende qui dit qu'en rouerie commerciale vous l'emportez sur un Gênois doublé de Juif. A ce qu'il paraît, vous prétendez étendre cette rouerie au journalisme.

Vous relevez amèrement la dernière phrase de ma petite corrrespondance. Les apparences vous y autorisaient. Mais permettez-moi, cher ennemi, de vous dire que cétte phrase est loin d'être de la présomption. C'est la réponse la plus naturelle et la plus probante que je pouvais faire à une phrase corrélative d'un compatriote *Belge*, dans laquelle celui-ci me traitait de caricature d'Alphonse Karr, etc.

Et maintenant, ô petit-fils du grand Œdipe, vous avez passé le Rubicon sous l'apparence de la Siagne, en criant : vive les logogriphes ! vive les charades ! ! !

A son tour, le *Courrier*, comme le général romain, déroule sa tunique de papier et vous laisse la guerre en criant : sus, sus, sus aux logogriphes !

Attention ! Pas d'auxiliaires, pas de gens qui se mêlent de ce qui ne les regarde pas et nous verrons qui sera l'écrevisse.

Première aux Grasseyants.

MONNAIE DU PAYS.

A M. Foucard, propriétaire du *Journal de Grasse*, petit carré où poussent uniquement des logogriphes, des charades, des annonces judiciaires et autres mauvaises herbes.

Mon premier d'ordinaire habite Charenton ;
Mon deuxième, si tu biffes
Son d final, sera conjonction ;
Mon tout est un quidam qui vit de logogriphes
Comme d'autres vivent de son.

(*Courrier des Artistes*, 26 mai.)

BATONS ROMPUS

Sur les épaules du *Journal de Grasse.*

Croirait-on qu'après *s'être fait fort de nous donner de la malice*, qu'après nous avoir *recon-*

nu seulement capable de faire peur aux souris, après être sorti de sa forteresse typographique, tous logogriphes au vent, M. Foucard vient de baisser charade et est rentré dans le port de sa nullité ? Nous n'avons plus reçu le *Journal de Grasse*... Déjà, mon Dieu ! Il paraît que la tactique des Autrichiens a fait des prosélytes.

Peut-être, derrière nous et à notre insu, cette façon de feuille s'égaie-t-elle à nos dépens ! A cette conduite, si cela est, nous tâcherons de trouver une épithète.

En attendant, ô *Courrier* bien botté, ceins tes reins de l'ïambique ceinture d'Archiloque, et va, sous la conduite du facteur, semer encore quelques perles devant le *Journal de Grasse.*

*

Moussu Foucard, sabès pas doun
Ceu que vous foou per faïre un logogripho ?
La rimo dis : un escogriffo,
You disi mieux ; un azéroun.

*

On demandait à Turenne : Que faut-il pour faire avec avantage la guerre au *Journal de Grasse ?*

— Trois choses, répondit-il : 1° le sens commun, 2° le sens commun, 3° le sens commun.

*

Tercet

Offert par le distributeur du *Courrier des Artistes* aux journaux qui cultivent le logogriphe, la Charade, etc.

Mon premier livre aux rats de nocturnes assauts,
Mon second à la côte abrite les vaisseaux,
Mon tout est le produit et l'agrément des sots.

*

Nous avons reçu de Cannes, sur notre nom, la double charade suivante, qui forme en même temps un acrostiche :

UN CANNÉEN A UN GRASSOIS.

E uler mit bien souvent en chiffres des Califes
M es deux derniers ; ma tête est voyelle avant i ;
I l reste pour entier un auteur dont les griffes
L acèrent tous les sots dont tout le monde rit
E t qui fera crêver ton Foucard de dépit.

RÉPONSE DU GRASSOIS AU CANNÉEN.

N on loin de ta moustache et non loin de ton front
E st placé mon premier ; vivent de mon second
G ens et bêtes ; mon tout est ton critique fade.
R ébus que Cham illustre, énigme ou bien charade,
I l n'est d'esprit que là. Ce qu'on cache avec art
N ous plait seul : qui peut donc rivaliser Foucard ?

*

M. Foucard, qui a des rapports avec tant de villages, et dont la renommée s'étend depuis Mandoulieu jusqu'à Peimeinade, ne serait-il pas originaire du Martigue ?

*

Vous savez, *mon cher Théophile,*
A qui le divin Evangile
Promet le royaume des cieux ;
Mais savez-vous dans ces hauts lieux
Comment ces élus pleins de grâce
Auront un passe-temps tout-à-fait digne d'eux ?...
En lisant le *Journal de Grasse.*

(*Courrier des Artistes*, 2 Juin.)

M. Emile Negrin, *visière haute* et *plume au poing* (nous le copions textuellement), essaie encore de nous pourfendre dans son *Courrier des Artistes.* Ces allures de paladin sont plus risibles qu'effrayantes. Nous allions le désarçonner en étalant les taches nombreuses qui obscurcissent tant soit peu son *Beau Ciel de Cannes*, lorsque la lettre suivante que nous recevons de Mr A. Bareste, vient nous désarmer à son endroit :

« Ainsi que vous le savez, mon cher ami, j'ai écrit à M. Emile Negrin, rédacteur du *Courrier des Artistes*, à Toulouse, pour réfuter certaines appréciations qui me concernent (Numéro du 12 mai, à l'article *petite correspondance*).

« M. Émile Negrin a répondu à l'huissier chargé de me représenter (vous trouverez ci-joint sa lettre), *qu'il n'insérerait pas ma réfutation : que du reste l'on pouvait faire contre lui ce que l'on voudrait, qu'il ne possédait rien.*

« Puisque M. Émile Negrin nous jette à la face son *insolvabilité* pour excuse, puisque ce Monsieur se retranche derrière sa misère pour insulter les gens, il n'y

1...

BIBLIOTHÈQUE IMPÉRIALE IMPR.

a plus qu'à mépriser tout ce qui peut être dit par lui, et c'est ce que je me propose de faire à l'avenir.

« Vous m'obligerez infiniment, mon cher ami, si vous voulez bien insérer cette lettre dans votre plus prochain numéro, et agréer l'expression de mes sentiments distingués et dévoués. » — A. Bareste.

Un dernier mot pour en finir. M. Negrin n'a-t-il pas voulu appeler contre lui-même le glaive de Thémis, en osant dire à un imprudent folliculaire :

« Quand donc fera-t-on une bonne loi répressive contre ces griffonneurs qui se croient le droit d'insulte parce qu'ils s'intitulent *hommes de lettres*, comme un autre s'intitule agent de change ? » (1)

(*Journal de Grasse*, 8 juin). E. FOUCARD.

TIERCES ET QUARTES

Sur un plastron bourré de paille et de logogriphes.

Le *Journal de Grasse* n'a de commun avec le soleil qu'une éclipse partielle. Après avoir cher-

(1) Voici le texte véritable :

« Un journal avait écrit ceci : « M. Karr publie en ce moment quelque chose sur le titre de *Roses noires et roses bleues*. Je défie à qui que ce soit d'y comprendre quoi que ce soit. »

« Alphonse Karr a simplement reproduit la phrase avec *défie à* soulignés.

« Quand donc fera-t-on une bonne loi répressive contre ces griffonneurs qui se croient le droit d'insulter le génie parce qu'ils s'intitulent *hommes de lettres* comme un autre s'intitule agent de change, et qui ne connaissent pas le premier mot de leur grammaire ? » Ce qui est bien différent. Il est vrai que M. Foucard qui s'applique le mot *insulte* ne pouvait s'appliquer le mot *génie*.

ché pendant vingt longues journées les trois arguments suivants, il a enfin reparu entre les mains de mon portier :

1er ARGUMENT. Nous allons critiquer le *Beau ciel de Cannes*, de M. Negrin, ouvrage imprimé depuis cinq ans. Ce qui est d'un à-propos incontestable dans la présente polémique des logogriphes.

2e ARGUMENT. Pour épargner des frais d'imagination, nous nous contenterons de tronquer et de lui renvoyer une phrase du *Courrier*.

3e ARGUMENT. M. Negrin nous avait bien averti de ne pas prendre d'auxiliaire, de ne pas faire intervenir des gens qui se mêlent de ce qui ne les regarde pas, mais nos œuvres littéraires sont assez connues et notre mérite assez établi pour nous permettre aujourd'hui de ne rien écrire par nous-même. C'est pourquoi voici une lettre d'un individu étranger à Cannes et à la question,

. . . .

— Et c'est là toute la riposte du *Journal de Grasse?* — N'est-ce pas assez ? — Comme il avait promis de vous donner de la malice, je croyais que lui-même..... — Vous savez l'axiôme de la scholastique ? *Foucard dat quod non habet.*

*

Cette nouvelle lettre inattendue et inexplicable de *mossieu* le Parisien cherche à prouver que je suis un piteux littérateur, parce que logeant en chambre garnie et ne possédant pas d'immeubles je suis *insolvable*. Aux yeux de cet habile logicien, Lamartine, notre sublime poète, est un imbécile, car il ne peut pas payer ses créanciers. Vite un bonnet à cornes !

Les colonnes du *Journal de Grasse* étant seules dignes de voir réfuter cet admirable raisonnement, je viens de lui adresser quelques observations sur l'insolvabilité de pas mal de gens. Les Cannéens les liront bientôt.

*

O Cannes, ô mon pays, ô ma gracieuse patrie, toi que j'aime de toute la force de mon cœur, de toute la ténacité de mes souvenirs d'enfance, toi dont les flots bleus et les algues vertes de la mer rafraîchissent les pieds mignons, dont la brise toute imprégnée des senteurs résineuses de l'Estérel soulève et agite doucement la tunique de fleurs, toi que les vieux rochers ridés par le mistral défendent contre le courroux des tempêtes, pourquoi, pourquoi faut-il que du milieu de tes acacias, tes palmiers, tes pins, tes orangers, tes cassies et tes roses, un champignon vénéneux soit sorti tout-à-coup et m'ait éclaboussé de son pollen salissant ?...

*

M. Louis Court vient de m'apprendre que M. Foucard est un simple et honnête imprimeur, incapable de la moindre ligne ; c'est un courageux monsieur X. qui nous a défié sous le couvert de ce nom.

O toi qui prends pseudonyme commode
Pour critiquer et faire le vantard,
Point ne sais-tu quelle est cette méthode ?
C'est la méthode d'Escobard.

*

A propos, que dites-vous de ce français ?..... *désarçonner quelqu'un en étalant des taches* (ce qui prouve que pour désarçonner les cavaliers Hongrois on n'aurait qu'à déplier devant eux quelques numéros du Journal-Foucard) *désarmer à son endroit... appeler contre lui-même le glaive de Thémis*, etc... *des appréciations qui me concernent* (*appréciation* signifie *estimation* EXACTE. On n'a pas voulu dire cela, à coup sûr) *l'huissier chargé de me représenter* (l'épistolographe ne se doute pas de l'honneur qui est attaché à une pareille représentation)..... *sa lettre* (la lettre de qui ?),.... *ce qui peut être dit par lui*..... *vous m'obligerez si*.... oh ! quel *si* ! oh ! quelle scie ! !

Allons, courageux Mr X, faites des charades, faites des charades ; et vous, Raphaël Morghen en rabougri, faites des gravures, faites des gravures.

*

Du monde quelles sont, ami, les sept merveilles? —
Le fanal de Pharos brillant aux nuits vermeilles,
Le Rhodien de bronze enjambant les vaisseaux,
Le Jupiter en or créé sous les ciseaux
Du fameux Phidias, la grande pyramide,
La tombe de Mozole, et ce palais humide
Que Dédale bâtit, et ce temple princier
Qu'Erostrate brûla pour un peu de laurier. —
Une huitième encor près d'elles a pris place,
Nommez-la. — C'est le mur de la Chine, je crois —
Vous vous trompez, ami, c'est le *Journal de Grasse.*
— Eh! ou mur ou journal, n'est-ce pas tout Chinois!..

(*Courrier des Artistes*, 16 juin).

QUELQUES OBSERVATIONS

Que M. Foucard a refusé d'insérer même sur sommation d'huissier.

Monsieur et cher Confrère,

Vous cultivez les logogriphes avec un zèle digne des fleurs métalliques de Clémence Isaure; je me suis permis d'écrire que ces puérilités composent une littérature de Gavouats : là-dessus la charade vous est montée au front, et pour défendre vos produits, vous m'accablez de toutes sortes d'énigmes.

C'est aux Cannéens, mes bien-aimés compatriotes, qui lisent le *Courrier des Artistes* simultanément avec votre charmante feuille, d'apprécier la manière brillante et spirituelle dont vous avez littéralement écrasé les pauvres petites épigrammes que je vous ai adressées. Que voulez-vous ! chacun fait ce qu'il peut.

D'un autre côté, c'est dans le *Courrier des Artistes* que vos abonnés pourront lire ma controverse littéraire, s'ils y tiennent. Ici je vous demande simplement la permission de répondre à une nouvelle agression épistolaire aussi inattendue qu'intempestive, et à laquelle vous avez prêté vos colonnes. C'est loyal et c'est mon droit.

Franchement, cher confrère, ou vous vous défiez de votre talent tant éprouvé, ou vous n'avez pas réfléchi ; dans mon numéro du 26 mai je vous dis : *pas de gens qui se mêlent de ce qui ne les regarde pas ;* tout Cannes a lu cette phrase, je vous la souligne moi-même de la plume sur votre exemplaire, et aujourd'hui pour toute *riposte* vous me décochez une lettre d'un étranger. entièrement étrangère à notre discussion des logogriphes !! Ne craignez-vous pas qu'on vous accuse d'impuissance intellectuelle? le monde est si méchant !....

J'étais dans le cabinet du directeur de la *Revue de Toulouse*, Mr Lacointa, quand votre journal lui est parvenu ; jugez si nous avons ri ensemble de *ma misère !* Vous aviez eu soin auparavant de prévenir que je suis de Cannes; cela a appris à vos concitoyens que mon père est notaire et par conséquent que *ma misère* ne doit pas être bien grande, puisque c'est ce bon et excellent père qui vous remet de sa propre main les présentes lignes de moi.

Je suis *insolvable*, c'est très-vrai, parce que je ne possède ni immeuble, ni place fixe et que je dors en chambre garnie : à l'Ecole de Droit d'Aix j'étais *insolvable* de la même manière, et pas mal de journalistes, d'étudiants, de peintres, voire d'ouvriers graveurs peuvent en dire autant. Singulier reproche à propos de logogriphes !

Expliquons ce qui a inspiré à l'étranger sa lettre décochée par vous le 8 juin.

Le 10 mai, sans rime ni raison, au sujet de vos sempiternels logogriphes, un sieur Bareste, que je n'ai jamais vu, m'écrit, le PREMIER, une missive impertinente ; ce qui ne l'empêche pas de dire que c'est moi qui insulte les gens. Nonobstant *ma misère*, je lui renvoie les 7 fr. de son abonnement. Nouvelle épître de sa part. Eh bien, j'ai refusé d'insérer celle-ci 1° parce que ce Bareste se mêle de ce qui ne le regarde pas ; 2° parce qu'il y a un mensonge relatif à mon sincère ami, Mr E. G. ; 3° parce qu'il y a trop de fautes d'orthographe.

L'huissier Lapène (je le tiens du syndic) a demandé une vingtaine de francs au dit Bareste, pour forcer judiciairement le *Courrier des Ar-*

tistes à publier l'épitre en question, car, le *Courrier des Artistes*, lui, n'est pas *insolvable* entre les mains de l'imprimeur, mais votre fidèle défenseur Bareste n'a pas pu envoyer les vingt francs. Voilà où est réellement la misère.

Allons, cher confrère, de grâce n'appelez plus les secours d'autrui dans notre polémique des logogriphes, trouvez par vous-même quelques bons couplets, quelque bon article autre qu'une mienne phrase retournée et *tronquée*, sinon le public va supposer que vous manquez d'imagination. Vous le savez, les rieurs se mettent toujours du côté de qui les fait rire. Vous voulez critiquer mon *Beau ciel de Cannes*, imprimé depuis cinq ans, comme il vous plaira; je vous enverrai aussi à cette fin mes narrations de rhétorique : seulement, il me semble que cela n'a pas trop de rapports avec notre querelle sur les logogriphes; et puis

Dans le domaine littéraire
Doit-on regarder la misère?
Chatterton, Gilbert et Moreau
Pourraient sortir de leur tombeau
Pour vous témoigner du contraire;
D'où je conclus tout bonnement
Que puisque vous venez de faire
Un argument de *ma misère*,
C'est un misérable argument.

Sur ce, veuillez agréer l'assurance de la profonde admiration que je professe pour cet esprit vif et enjoué dont vous avez donné de si nombreuses preuves.

Votre très-humble et très-infime confrère,

Emile NEGRIN.

P. S. Si parmi vos lecteurs quelques-uns désirent suivre nos modestes débats dans le *Courrier des Artistes*, sur leur demande je leur enverrai GRATIS les numéros passés et futurs.

POIGNÉE DE HOUSSINES

A l'adresse d'un journal d'Arcadie.

Le *Journal de Grasse* n'arrive plus : étrange manière de soutenir une controverse que l'on a attisée ! Ce cousin-germain de notre *Publicité* aux lunettes d'or se métamorphose de plus en plus en écrevisse.

*

Si le silence est l'éloquence du cœur, il n'est pas l'éloquence de l'esprit.

Le silence est une vertu chez le sage et une nécessité chez le sot.

*

L'autre matin la personne algébrique
Qui sous le nom de l'imprimeur Foucard
Fait contre nous si chaude polémique
Jusques au sang grattait son nez camard. —
Tu réfléchis ? lui demande un compère. —
J'ai su, dit-il, par mon ami Jobard
    Que ce Negrin qui m'exaspère
    Avec son *Courrier* critiquant
    Est misérable comme Homère ;
    Et sur cela je cherche à faire
A sa façon un quatrain bien piquant.
    Mais hélas ! je n'y parviens guère. —
    C'est, répond l'autre en se moquant,
    Que tu n'es pas dans la misère.

*

Depuis que je travaille à prouver que les logogriphes, les charades, les énigmes sont des ronces littéraires où l'aile de la Muse se déchire, quoique des journalistes Béotiens soient fiers de les porter à leur boutonnière, le *Moniteur Viennois* et le *Furet* ont eu le bon goût de ne plus salir leurs colonnes de ces déjections Grassoises : je leur en fais mes sincères compliments. La feuille de chou de MM[rs] X. et Foucard persiste seule. Dorénavant on ne dira plus : têtu comme un mulet, on dira têtu comme le *Journal de Grasse*.

*

PLUTARQUE A FOUCARD, SALUT !

« Ne voyons-nous pas les gens même les plus grossiers et les moins instruits prendre, après le repas, des amusements bien opposés à ceux du corps, et se proposer des énigmes, des logogriphes, et des noms compris sous certain nombre. »

Note du traducteur. « Il est à remarquer que notre auteur renvoie cet exercice aux gens peu instruits. » (*)

*

J'ai reçu avec plaisir et reconnaissance plusieurs lettres de Cannes, dans lesquelles des compatriotes autochthones, de véritables compatriotes m'expriment tout le regret qu'ils éprouvent de la conduite d'un étranger à mon égard. A la bonne heure !

Quand on a écrit, LE PREMIER, des impertinences à quelqu'un, ô étranger, on devrait avouer ses torts; et parce que ce quelqu'un ensuite ne veut ni de votre argent ni de vos réfutations, il n'y a pas grand mérite à le poursuivre de *Journal de Grasse* en *Journal de Grasse.*

*

FRAGMENT D'UNE DES LETTRES : « Ces gens-là croient écrire en prose et en vers ; laissez-leur cette prétention qui les honore et qui ne porte préjudice qu'à eux-mêmes. Toute polémique courtoise me

(*) PLUTARQUE (œuvres complètes de) traduites du grec par Richard, t. III, p. 311.—*Les propos de table.* Livre V, Préface.

parait impossible avec eux sur ces matières dont ils ignorent les premières notions. N'êtes-vous pas le rédacteur du Journal des artistes? Est-ce que M. Foucard ou M. Bareste sont des artistes pour discuter avec eux? Est-ce que l'on discute sérieusement le mérite littéraire d'une charade et d'un logogriphe? N'oubliez pas certaine caricature de Gavarni : elle représente un peintre qui montre un dessin à un paysan, celui-ci lui répond qu'il préfère les images où il y a du rouge et du bleu. Allez donc convertir ce paysan au sentiment de l'art. Etc. »

*

O M. Foucard, quand me sera-t-il donné de savoir le nom du charmant inconnu, du courageux Mr X qui vous sert de sécrétaire? Mr X est toujours pour moi une énigme, une vraie énigme du *Journal de Grasse*... et celle-là est vivante.

*

Un Œdipe Grassois raillait sur sa longueur
Cannes couchée au bord de la côte embaumée :
« Le nom est bien trouvé, disait-il. » Un farceur
Qui connaissait et Grasse l'enfumée
Et ses pavés vierges de balayeur
Lui répondit d'un air moqueur :
«Je crois qu'en fait de noms, Grasse est bien mieux nommée.»

(*Courrier des Artistes*, 23 juin).

LE COUP DE GRACE

(sans calembourg).

Le journal-Foucard n'est plus retourné du tout. Est-ce qu'un arrêt de préfecture l'aurait occis en tirant, ligne à ligne, de ses veines, les insertions judiciaires , ce sang si nécessaire à sa vie ? Ma foi ! je me suis toujours méfié des logogriphes à cause de leur consonnance avec hippogriffes : c'est de la littérature féroce , elle tue qui la cultive.

Non, voici ce qui est arrivé : le secrétaire inconnu de M. Foucard avait dit que *nous avons daigné le piquer du bout de notre plume*. Hélas ! la piqûre a pris des proportions et un développement si effrayants que le malheureux descendant d'Œdipe est tombé évanoui entre les bras de ses annonces commerciales. M. Biernacki, habile chirurgien , a été mandé de Cannes au plus vite.

Inutile ! Les talons du *Courrier* et 2,304 charades pèsent sur la poitrine du *Journal de Grasse ;* son impuissance intellectuelle le serre à la gorge, des zéros sortent de tous ses pores, et cette espèce de maladie pédiculaire le tue. *Pécaïré !*

Allons ! je vais lui envoyer par la poste une tige d'ellébore, deux violettes et une écrevisse :

cela le guérira des susdites infirmités et de sa fanfaronnade, par-dessus le marché.

*

Es plu fouar que de pebre.
(*Cornélius Népos.*)
Le patois dans les mots fait comme le latin.
(*Paraphrase de Boileau.*)

A ped s'en anavo un ouvrié
Si proumenar e din sa pocho avié
Un fuillet doou *Journaou de Grasso.*
Sa fremo li digué : « bagasso !
Vas , en marchant , legir coumo un greffié
— Teisa-ti , foutudo machotto ,
Uno cansoun que n'es pas sotto ,
Oou sabés ben , dis que foou de papié.»

*

M. Foucard et son secrétaire , le courageux Monsieur X., ne constituent à eux deux le *Journal de Grasse* qu'en vertu du théorème :
« Moins multiplié par moins donne plus. »

*

Ces messieurs, dont la *riposte ne devait pas longtemps se faire attendre* et qui voulaient *donner de la malice* , n'ont pas même donné de réponse. Il coûte tant à un Grassois de donner !

A Grasse , depuis les familles les plus nobles, les plus riches, jusqu'au bas peuple , rentier , marchand , prêtre , avocat , millionnaire, parfumeur, comtesse, fille, ouvrier, tout le monde parle patois. Et quel patois ! Jugez-en d'après ce récit de chasseur :

« Eï souto un rouë, m'anavi enveï, à sa cimo veseï un passëoun, m'ei amiï, sou passëoun faë kei d'uno branco à sa aoutro jusqu'à sa herbo, etc. »

Cela vous explique le singulier français du *Journal de Grasse*.

*

Le logogriphe plat qui se jouent des mots
Est long-temps un problème excepté pour les sots.
(M.-J. Chénier.)

Les logogriphes sont l'esprit de ceux qui n'en ont pas. — Voltaire.

*

Voici la fin de la campagne :
Foucard a fui comme un paysan du Don.
Nous jouions à qui perd gagne :
Il a gagné la branche de chardon.

*

Puisque Messieurs Foucard et Ce sont rentrés d'eux-mêmes sous leur bonnet de coton, je rengaine ma plume ; je ne veux pas m'escrimer plus long-temps dans le vide. Que cette leçon leur serve !

Ils n'avaient vu en moi et n'avaient relevé que ma qualité de Cannéen, de fils d'une ville voisine et rivale ; hé bien ! je veux en cette qualité seule poser la conclusion de notre polémique :

Le commerce de Grasse n'existe que parce que le canal de la Siagne n'existe pas. Le jour où une eau bienfaisante arrosera les admirables jardins de mon beau pays, les fleurs distillées de Cannes auront le dessus, comme aujourd'hui les fleurs de rhétorique du *Courrier*.

Patience !... On verra plutôt cela que de l'esprit dans le *Journal de Grasse*.

NOTA.

Le JOURNAL DE GRASSE *ayant refusé d'insérer d'abord volontairement, puis sur sommation d'huissier, ma réponse à une lettre agressive publiée contre moi dans ses colonnes, je me suis décidé à faire imprimer la présente brochure.*

Elle me coûte plus cher qu'un procès, mais j'ai toujours dit qu'en matière de journalisme c'est le propre des imbéciles d'avoir recours aux tribunaux.

Du reste, quel meilleur argument pour prouver qu'on peut avoir de l'argeut et n'être pas dans la MISÈRE, *tout en étant* INSOLVABLE ?

Toulouse, Imprimerie Ve Sens et Paul Savy.
Allée Louis-Napoléon, 10 bis.

OUVRAGES D'ÉMILE NEGRIN.

LE BEAU CIEL DE CANNES. — Poésies de jeunesse.

LA FOLLE DU LAC D'OO. — Épisode des Pyrénées.

ARTISTES VIVANTS DU MIDI. — 2e édition.

BOUQUET D'ÉPIGRAMMES.

www.ingramcontent.com/pod-product-compliance
Lightning Source LLC
LaVergne TN
LVHW020305230826
846091LV00006B/2544
9782011762573